SPORTLICHES MESSERWERFEN

Über den sicheren Umgang mit Wurfmessern

von
Markus Bär
mit
39 Fotografien von Lutz Trojan
und 9 Zeichnungen

4. Auflage
1994

VERLAG WEINMANN — BERLIN

Die Deutsche Bibliothek — CIP-Einheitsaufnahme

Bär, Markus:
Sportliches Messerwerfen : über den sicheren
Umgang mit Wurfmessern / von Markus Bär.
Fotogr. von Lutz Trojan
— 4. Aufl. — Berlin : Weinmann 1994
ISBN 3-87892-056-3

Repro: GEPRO G.m.b.H
Gesamtherstellung: Hildebrand

Inhaltsverzeichnis

Vorwort

Dieses Buch soll Ihnen zeigen, daß es gar nicht so schwer ist, mit einem Wurfmesser im sportlichen Bereich gute Trefferergebnisse zu erzielen. Unsere Anleitung soll Ihnen eine nützliche Trainingshilfe sein, Ihre Motivation zum Üben verstärken und Sie auf Ihrem Weg zur Perfektion beim Umgang mit dem Wurfmesser begleiten.

Wenn Sie schon zu den fortgeschrittenen Messerwerfern gehören, soll es Ihnen helfen, weitere Details der Messerwurftechnik kennenzulernen und Ihre praktischen Fertigkeiten zu vervollkommnen.

Meinen Freunden, die mir beim Entstehen dieses Buches geholfen haben, danke ich für ihre Mitarbeit.

Markus Bär

Einleitung

Ist Messerwerfen gefährlich?

Der Zugang zu Waffen aller Art beinhaltet stets das Risiko des Miß-
brauchs. Jeder Stein, jedes Küchenmesser oder jede Fahrradkette
sind „gefährlich".

Messerwerfen ist jedenfalls nicht „gefährlicher" als andere Kampfsportarten oder Kampfkünste. Ein Fechter z. B. könnte seine Waffe
gegen andere Menschen richten, ein Bogenschütze kann seinen Pfeil
auf Lebewesen abschießen und ein Boxer könnte...

Kampfsportarten werden aber stets unter Beachtung strenger Regeln
betrieben. Der Kampfsportler wird sozusagen durch Training „erzo-
gen". Er weiß aus eigener Erfahrung um die Wichtigkeit von Vorsicht
und Rücksichtnahme und achtet daher besonders darauf, daß niemand Schaden nimmt. Wer im Gebrauch von Waffen ausgebildet ist,
hat nicht nur Fachkenntnisse, sondern auch Verantwortungsbewußt-
sein erworben.

Denken auch Sie stets daran, wenn Sie mit dem Wurfmesser umgehen.

I. Das Wurfmesser

a) Die Auswahl des richtigen Messers

Ist es Ihnen nicht auch schon passiert, daß Sie vom Anblick des reichhaltigen Messerangebots in einem Waffen- oder Stahlwarengeschäft fasziniert waren? Vielleicht hätten Sie sich sogar ein Messer gekauft, wenn Sie eine Anleitung gehabt hätten, um richtig werfen zu können und das Wurfmesser so wie die Artisten millimetergenau ins Ziel zu bringen.

Inzwischen besitzen Sie nun dieses Buch und den festen Willen, jeden Tag oder zumindest jedes Wochenende mit dem Wurfmesser zu üben. Wie lange Ihr Training dauern soll, bestimmen Sie natürlich selbst. Wenn Sie sich am Anfang zu lange Trainingszeiten auferlegen, merken Sie schnell, daß Ihr Trainingseifer darunter leidet. Bei Überanstrengung bzw. nachlassender Konzentration erzielen Sie weniger Treffer. Deshalb sollten Sie langsam beginnen und die Übungsdauer von Tag zu Tag nur ein wenig steigern, bis Sie eine maximale Trainingszeit von etwa 30 Minuten erreicht haben. Am besten Sie fangen mit fünf Minuten an.

Doch nun noch einmal zurück ins Waffengeschäft. Was müssen Sie beim Messerkauf beachten? Zunächst sollten Sie sich das gesamte Wurfmesser-Sortiment vorlegen lassen, damit Sie einen Überblick gewinnen.

Sie werden schnell feststellen, daß alle Wurfmesser, was die Spitze angeht, fast die gleiche Form haben. Die von außen erkennbaren Unterschiede liegen in der Verarbeitung der Messerspitze, des Griffs und der Scheide. Wesentlich ist natürlich auch das Gewicht und der Schwerpunkt des Messers.

Am besten Sie nehmen ein Messer in die Hand und testen es. Dazu nehmen Sie das Messer zwischen Daumen und Zeigefinger und machen mit der Hand in eine ungefährliche Richtung eine kurze schnelle Vorwärtsbewegung. Versuchen Sie das Messer festzuhalten!

Wenn sich das Messer dabei nach vorne bewegt oder gar ruckartig aus der Hand gleitet, ist es zu schwer für Sie. Bitte achten Sie bei dem Test darauf, daß niemand vor Ihnen steht, damit nichts passieren kann. Anschließend probieren Sie ein anderes Messer, bis Sie das für Sie geeignete Wurfmesser mit dem für Sie richtigen Gewicht gefunden haben. Nun stellt sich die Frage nach der richtigen Gewichtsverteilung. Dazu müssen Sie das Messer austarieren, d. h. auf dem Finger seinen Schwerpunkt ermitteln.

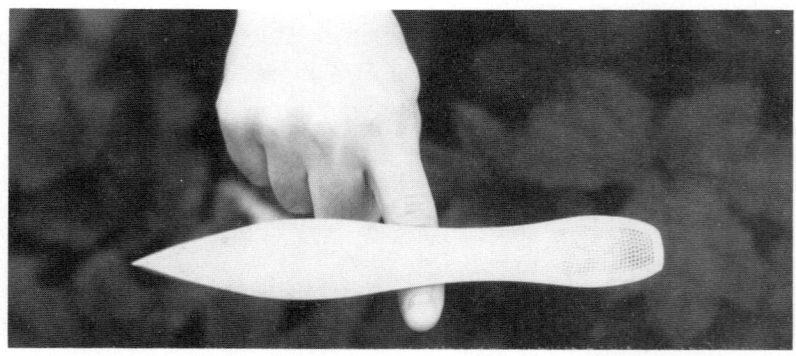

Abb. 1
Zum Austarieren balancieren Sie das Messer auf dem Zeigefinger. Der Schwerpunkt sollte immer etwa in der Mitte liegen.

Wurfmesser lassen sich in der Regel in drei Preisgruppen einteilen: Eine untere, eine mittlere und eine obere. Sie sollten sich bei ernsthaftem Interesse am Messerwerfen mindestens für die mittlere Gruppe entscheiden.
Haben Sie einmal eine Anzahl Messer ausprobiert, so wissen Sie, welche Vorzüge Messer aus der oberen Preisgruppe haben. In dieser Preisgruppe finden Sie ohne Zweifel die besten Wurfmesser.

b) Die Pflege des Messers

Nachdem Sie sich für das richtige Messer entschieden haben, sollten Sie sich noch ein Fläschchen Abzieh- oder Waffenöl kaufen. Selbst wenn Ihr Messer aus rostfreiem Stahl besteht, schadet es nicht, das Messer nach dem Werfen damit zu reinigen. Ihr Messer wird es Ihnen danken.
Haben Sie auf ein Ziel mit einer lackierten Oberfläche geworfen, können Sie nach dem Wurf die Lackreste durch ganz leichtes Reiben an einem Abziehstein entfernen (aber nur wenn es wirklich nötig ist).

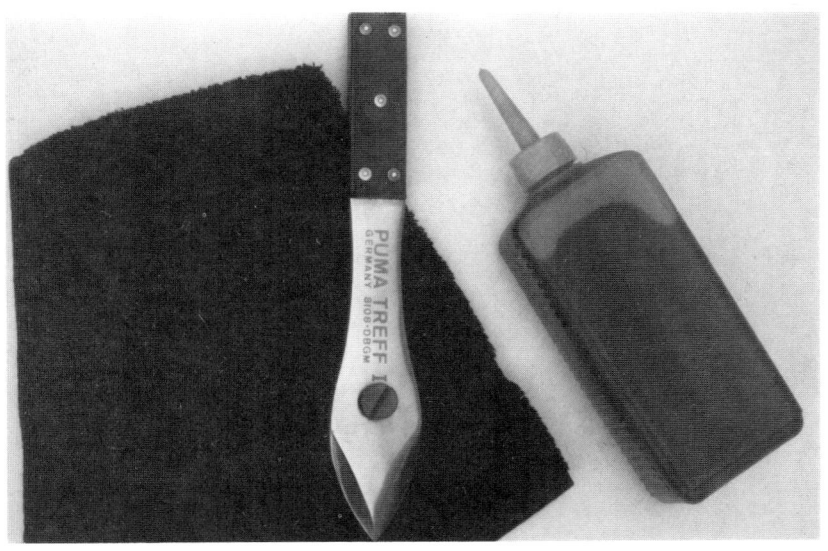

Abb. 2
Zur richtigen Pflege geben Sie ein wenig Waffen- oder Abziehöl auf einen Stofflappen und putzen Ihr Messer.

c) Die wichtigsten Messermodelle

Bevor wir zu den Wurftechniken kommen, möchte ich noch auf fünf Wurfmesser-Modelle eingehen. Diese Wurfmesser sind (neben diversen anderen) auf dem europäischen Markt erhältlich und zeichnen sich durch gute Wurfeigenschaften aus. Alle fünf Modelle sind mit einer Scheide erhältlich. Unter diesen fünf Messern finden Sie zwei relativ leichte, ein mittelschweres und zwei schwere Modelle.

Alle Modelle können auf einer Distanz von 5 und von 10 Metern eingesetzt werden. Als Ziel kann eine Platte aus weichem Holz (Tanne, Fichte) dienen. Solche Holzplatten kann man noch mit einer Papierzielscheibe bekleben, wie sie beim Bogenschießen üblich ist. Dieses Ziel setzt voraus, daß kraftvoll geworfen wird. Die Messer wurden auf der kurzen Distanz gerade und ohne Drehung geworfen; auf der langen Distanz aber mit einer Drehung.

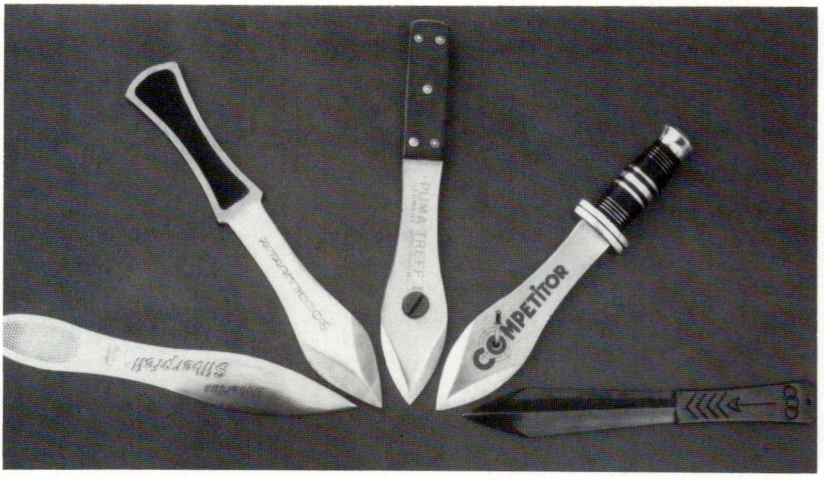

Abb. 3
Verschiedene Wurfmesser-Typen

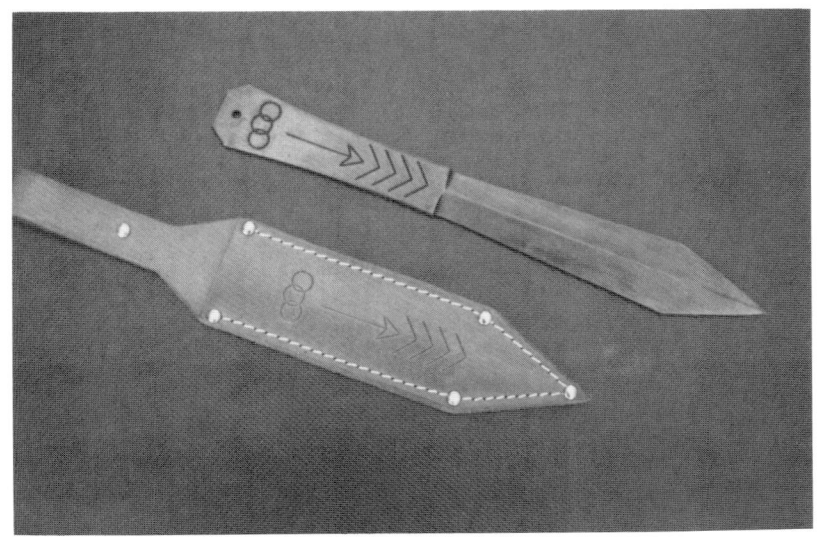

Abb. 4

Messermodell Typ 1: Ein leichtes Messer mit 120 g Gewicht.
Der gerade Wurf kann ohne Schwierigkeit und ohne großen Kraftaufwand bewältigt werden.

Der Drehwurf muß kraft- und gefühlsmäßig gekonnt ausgeführt werden, damit sich das Messer nicht unkontrolliert dreht und dadurch mit dem Griff auftrifft. Auch ein Distanz-Drehwurf ist möglich, es muß aber sehr kraftvoll geworfen werden, damit das Messer die Distanz überhaupt überwindet.

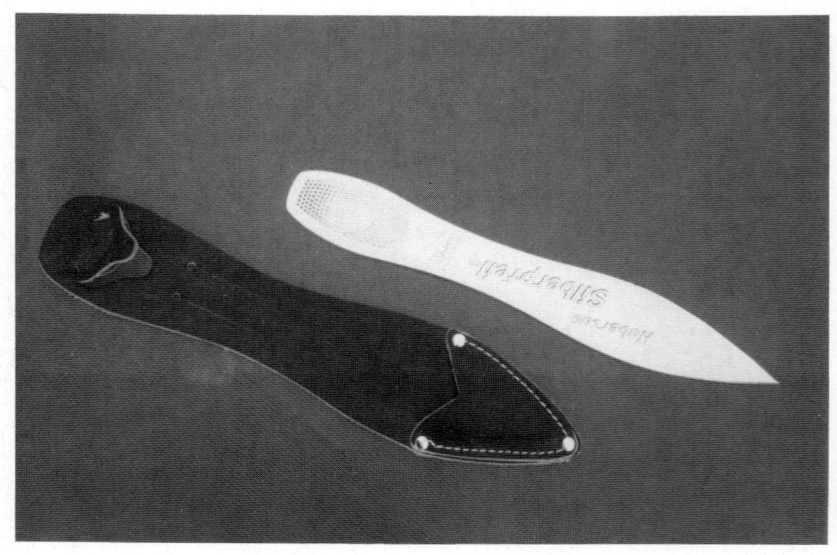

Abb. 5

Messermodell Typ 2: Ebenfalls noch ein leichtes Messer mit 150 g Gewicht.

Es hat nahezu die gleichen Eigenschaften wie Modelltyp 1, auch hier erfordert ein Wurf mit Drehung erhebliche Erfahrung und viel Gefühl.

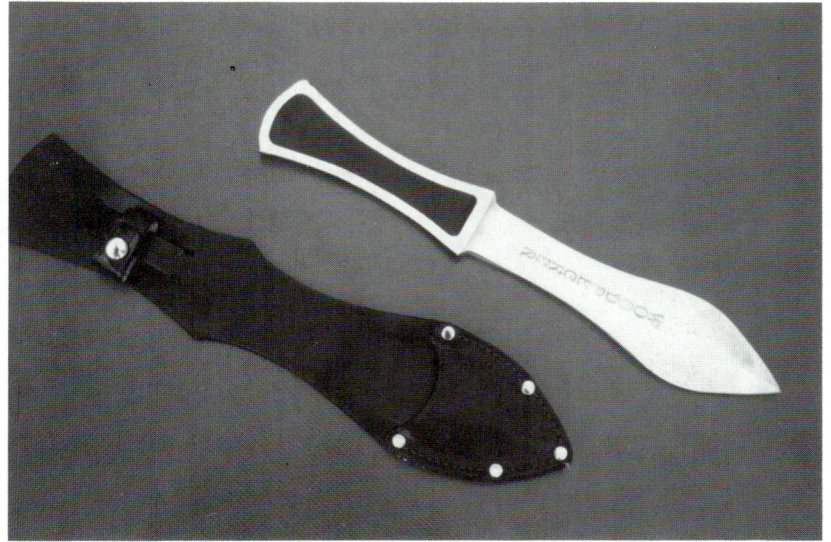

Abb. 6

Messermodell Typ 3: Ein mittelschweres Messer mit 260 g Gewicht.
Bei einem geraden Wurf dringt das Messer gut in das Ziel ein. Der
Drehwurf läßt sich mit diesem Messertyp relativ leicht beherrschen.
Auch ein Distanz-Drehwurf läßt sich bei kraftvollem Wurf gut ausführen.

Für beide Wurftechniken geeignet!

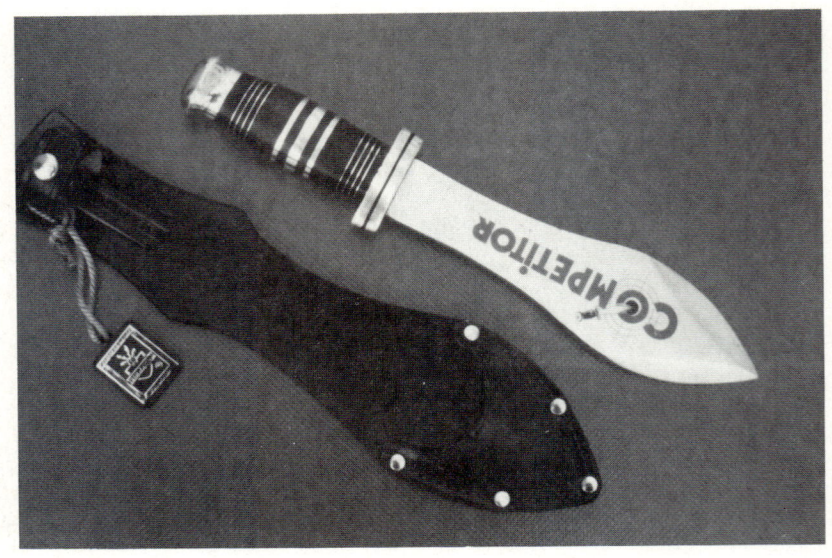

Abb. 7

Messermodell Typ 4: Ein schweres Messer mit 280 g Gewicht.
Bei entsprechender Fingerkraft ist es sowohl für den geraden Wurf, als
auch für Drehwürfe auf unterschiedliche Distanzen hervorragend
geeignet.

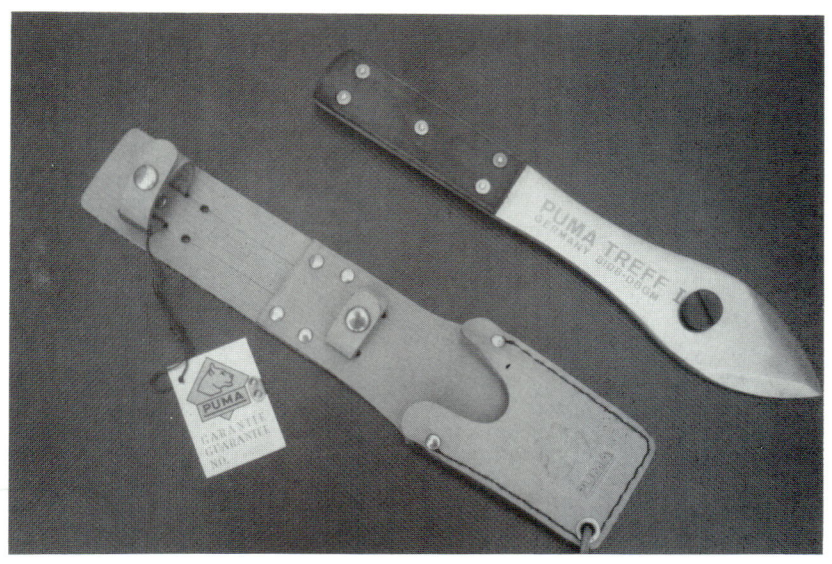

Abb. 8

Messermodell Typ 5: Ein schweres Messer mit 340 g Gewicht.
Es ist eines der besten Messer, die auf dem Markt sind und hat den Vorteil, daß der Schwerpunkt mit Hilfe einer Feststellschraube individuell
eingestellt werden kann.

d) Das Einstellen des Messers

Für den Fall, daß Sie solch ein schönes, einstellbares Messer vom Typ 5 besitzen, sollten Sie es in einer ruhigen Stunde justieren.

Hektik und Streß sind dabei unangebracht. Zunächst müssen Sie das Messer auf eine bestimmte Distanz (z.B. 5 m) testen. Dabei sollten Sie die Schraube nie mehr als eine Vierteldrehung verändern. Haben Sie schließlich die richtige Einstellung gefunden, markieren Sie diese am besten mit einem wasserfesten Stift. Dann drehen Sie die Schraube heraus, geben ein wenig Nagellack auf das Gewinde und drehen die Schraube wieder bis zur Markierung hinein. Nachdem der Nagellack getrocknet ist, läßt sich die Schraube nicht mehr drehen. Das Messer ist damit auf Ihre Wurfhand eingestellt.

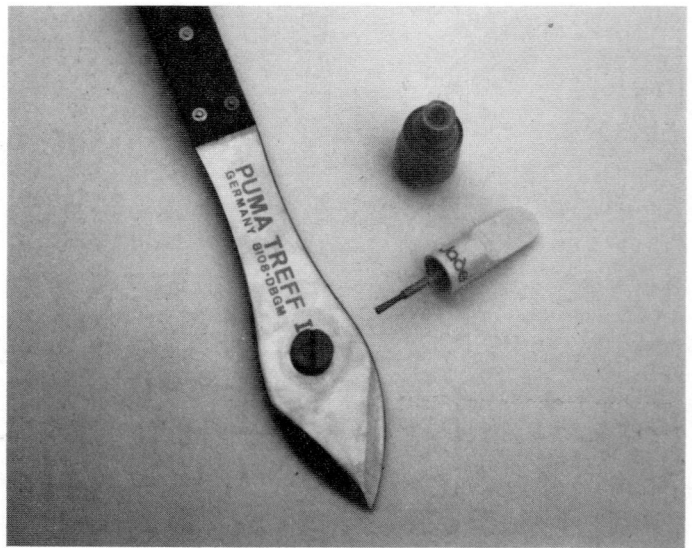

Abb. 9

Nach dem Einstellen auf das Gewinde der Schraube etwas Nagellack geben. Nach kurzem Trocknen ist das Messer auf Sie persönlich justiert.

Lassen Sie nach Möglichkeit keine anderen Personen mit Ihrem Messer werfen. Es ist auf Sie persönlich eingestellt. Je nach Wurfart und Werfer wird das Messer nämlich anders beansprucht und abgenutzt. Möchten Sie die Einstellung später einmal ändern, so nehmen Sie einfach Nagellackentferner, den Sie lange genug einwirken lassen. Mit einem Schraubenzieher können Sie die Schraube wieder lösen. Nachdem Sie das Gewinde von Lackresten gesäubert haben, können Sie das Messer jederzeit neu einstellen.

e) Das Umwickeln des Griffs

Wenn Sie ein Messer am Griff erfassen und dieser nicht rutschfest ist, kann es passieren, daß das Messer zu früh die Hand verläßt. Um dem vorzubeugen, umwickeln erfahrene Messerwerfer den Griff mit einem Tape. Das Klebeband sollte etwas rauh sein und nicht zu dick. Schweres Klebeband könnte die Wurfeigenschaft verändern.

Oftmals reicht ein dünneres Kreppband, das aber nach etwa 50 bis 100 Würfen wieder ausgewechselt werden muß. Zu rauhe Materialien sind nicht empfehlenswert, da sie zur Verzögerung des Abwurfs führen können.

21

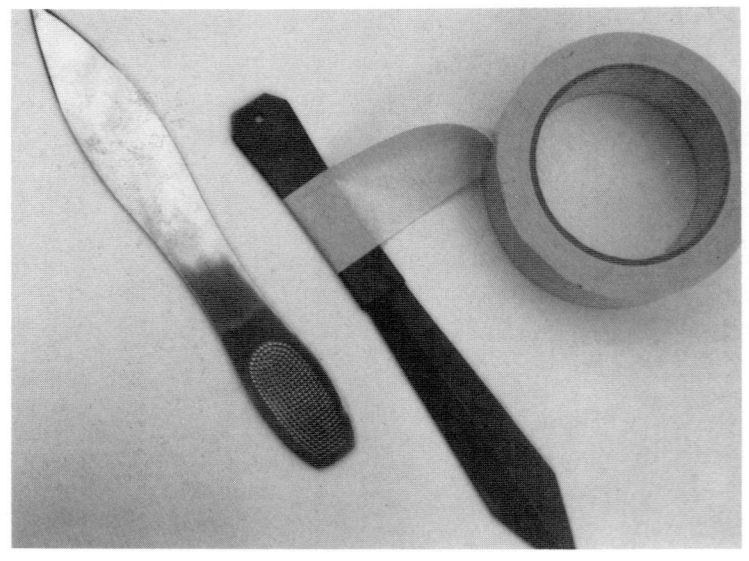

Abb. 10

Das linke Wurfmesser hat am Griff bereits eine rauhe Fläche; das rechte wird an der Griffpartie mit Kreppband umwickelt.

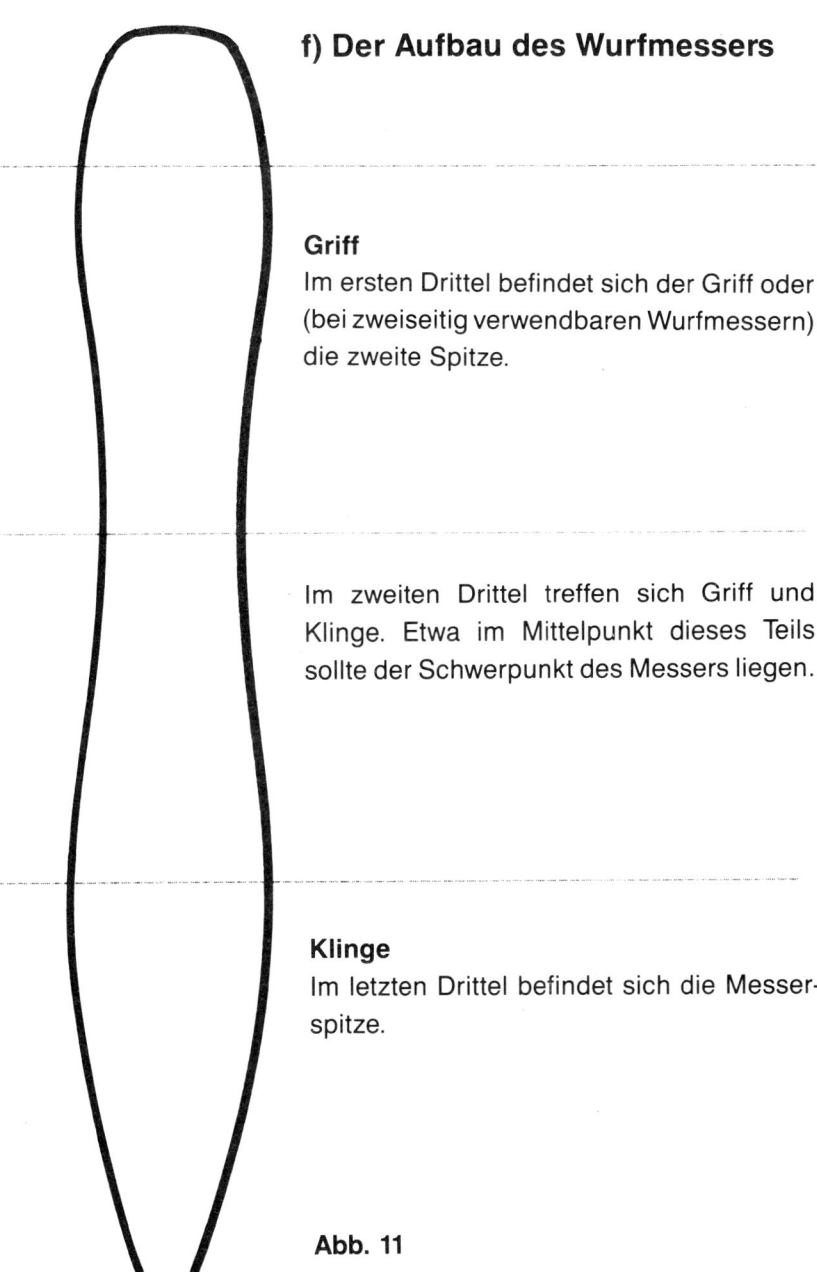

f) Der Aufbau des Wurfmessers

Griff

Im ersten Drittel befindet sich der Griff oder (bei zweiseitig verwendbaren Wurfmessern) die zweite Spitze.

Im zweiten Drittel treffen sich Griff und Klinge. Etwa im Mittelpunkt dieses Teils sollte der Schwerpunkt des Messers liegen.

Klinge

Im letzten Drittel befindet sich die Messerspitze.

Abb. 11

23

II. Handhaltung und Abwurf

Bevor wir laufen lernen, krabbeln wir.
Bevor wir richtig sprechen, laufen wir!
Nachdem Sie die ersten Krabbelversuche, d. h. den Messerkauf hinter sich haben, sollen Sie nun das Laufen — in unserem Fall die richtige Handhaltung — erlernen, bevor wir zum Sprechen, d. h. zur Wurftechnik kommen.

a) Das Erfassen des Messers

Ohne eine richtige Handhaltung ist kein guter Messerwurf möglich. Man kann das Messer nicht in der Mitte ergreifen und mit der Vorstellung wild von sich werfen, daß es schon irgendwo stecken bleibt. Da hilft selbst das beste und teuerste Wurfmesser nichts.
Sie werden jedoch sehen, mit einiger Übung läßt sich die richtige Handhaltung schnell erlernen. Sie sollten nicht nur eine, sondern die fünf wichtigsten Handhaltungen beherrschen, damit Sie stets einen sauberen Abwurf erzielen. Gehen Sie nicht zu verkrampft an die Übung — es ist wichtig, daß Sie locker und entspannt trainieren.
Parallel zum Wurftraining kann es übrigens nicht schaden, wenn Sie mit einer kleinen Fingerhantel etwas Krafttraining betreiben. Das hilft vor allem bei größeren Distanzen (zehn, fünfzehn Metern). Um solche Distanzen erfolgreich zu meistern, ist nämlich eine erhebliche Fingerkraft und oft ein schweres Messer erforderlich.
Dabei kann es dann vorkommen, daß selbst das für Sie optimale Messer beim Wurf „zu schwer wird" und dadurch zu früh die Hand verläßt.
Das für **Sie** richtige Messer haben Sie nun. Nach dem ersten Hantieren haben Sie es auch schon mit Kreppband umwickelt — und nun geht es los:

24

Abb. 12

1. Handhaltung

Diese Variante ist besonders für Würfe auf kurze Distanz geeignet. Legen Sie das Messer zwischen Daumen und Handfläche. Sie erfassen das Messer, indem Sie es mit dem Daumen auf die Handfläche drücken. Dabei ist es erforderlich, daß die Messerspitze stets nach vorn und nicht zum eigenen Körper zeigt.

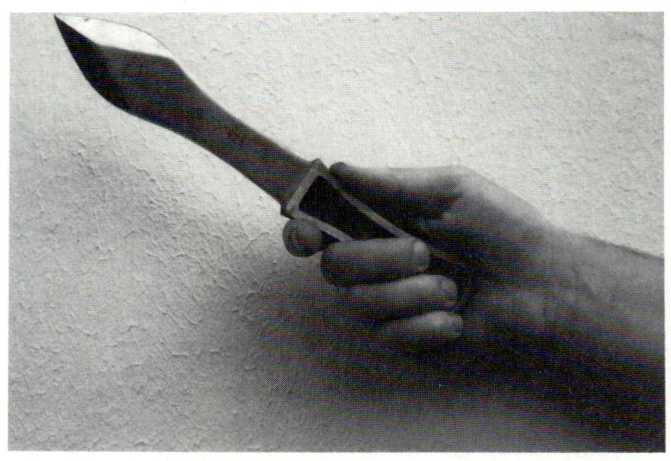

Abb. 13

2. Handhaltung

Diese Griffvariante läßt sich ebenfalls gut auf kurze Distanz anwenden, wenn kraftvoll geworfen wird. Man erfaßt das Messer am Griff, legt den Daumen auf die Schmalseite des Griffs und drückt dadurch die gegenüberliegende Schmalseite des Griffs gegen den Zeigefinger.

Mittel-, Ring- und kleiner Finger halten die Breitseite des Griffs, der in der Handfläche liegt.

Diese Handhaltung eignet sich besonders für Würfe, die von unten nach oben (ähnlich der Bewegung beim Kegeln) erfolgen. Man kann mit und ohne Messerdrehung werfen.

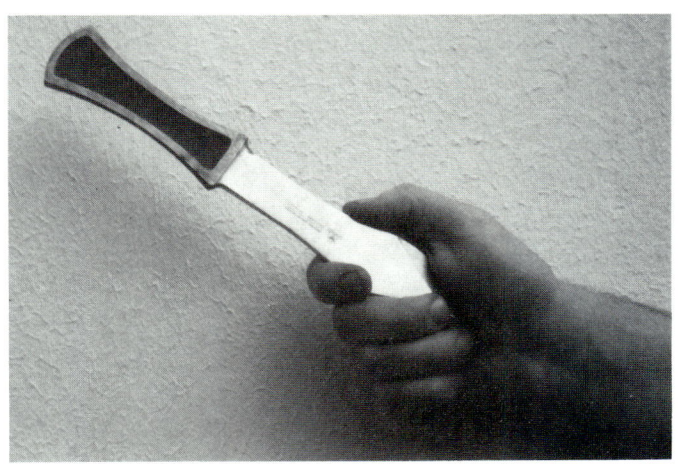

Abb. 14

3. Handhaltung

Bei dieser Variante wird das Messer wie bei der 2. Handhaltung erfaßt,
allerdings nicht am Griff, sondern an der Klingenseite.
Das Messer muß nach dem Abwurf mindestens eine halbe Drehung
(180°) ausführen. Natürlich kann man auch mit einer ganzen Drehung
arbeiten, d. h. das Messer dreht sich etwa um 360°.

Nun zu den beiden häufigsten Handhaltungen, die beim artistischen und sportlichen Werfen am meisten praktiziert werden:

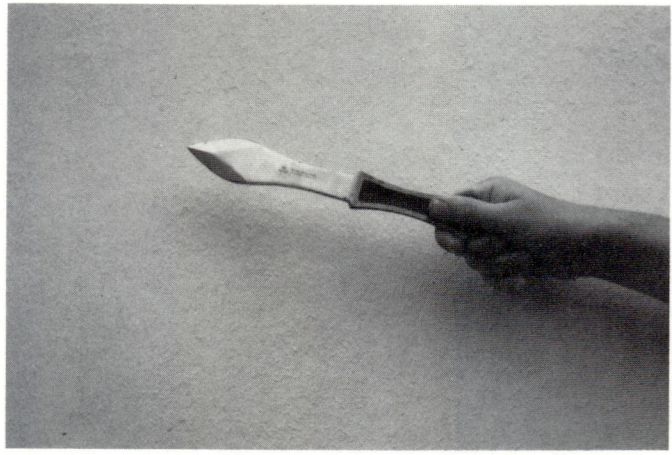

Abb. 15

4. Handhaltung

Diese Variante kann auf kurze und lange Distanz angewendet werden. Das Messer wird am Griff erfaßt, wobei es zwischen Daumen und Zeigefinger gepreßt wird. Der Zeigefinger ist dabei leicht gekrümmt. Das Messer wird auf kurzer Distanz nach dem Ausholen mit einer halben Drehung (180°) und auf langer Distanz mit einer ganzen Drehung (360°) ins Ziel gebracht.

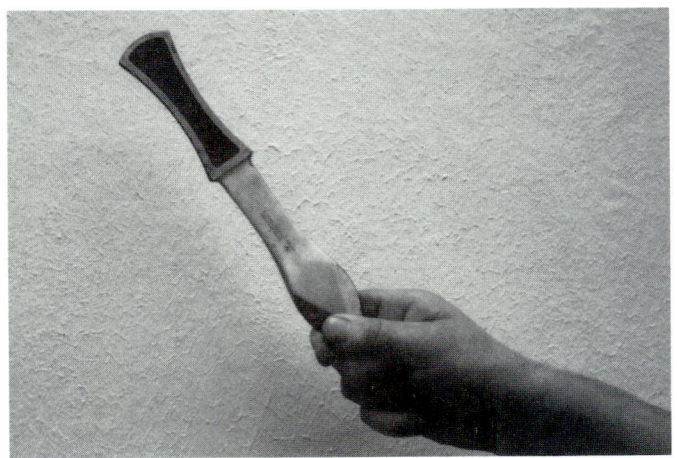

Abb. 16

5. Handhaltung

Diese Variante gleicht der vierten Handhaltung. Der Unterschied liegt
darin, daß man das Messer an der Klinge, anstatt am Griff hält.
Alle übrigen Details sind praktisch gleich.
Natürlich kann man die Klinge statt vertikal auch horizontal halten bzw.
abwerfen. Gebräuchlicher und leichter ist jedoch die auf den Abbildun-
gen gezeigte Ausführung, d. h. die Schmalseite des Messers zeigt
nach oben und nicht zur Seite.

b) Der Abwurf

Wie verläßt das Messer die Hand?

Beim Wurf muß der Arm erst angewinkelt werden, d. h. die Hand wird in Schulterhöhe gehoben. Danach wird der Arm blitzschnell nach vorne in Richtung Ziel gestreckt (Abb. 17). Das Wesentliche aber, auf das Sie achten sollten ist, daß die Hand dabei nicht ganz geöffnet wird, sondern nur kurzzeitig einige Millimeter. Der Abwurf geschieht nicht so als würde man einen Diskus werfen — die Finger lassen das Messer nur ganz kurz aus der Hand gleiten (Abb. 18) und werden danach sofort wieder zusammengedrückt. Die Finger sollen auch noch ein bis zwei Sekunden nach dem Wurf zusammenbleiben.

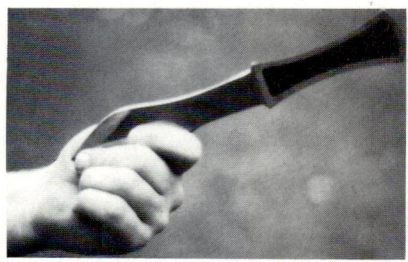 

Abb. 17   Abb. 18

Die Finger werden nur kurz geöffnet — das Messer verläßt in Sekundenbruchteilen die Hand.

Bevor wir nun zur eigentlichen Wurftechnik kommen, möchte ich noch auf einen wichtigen Punkt aufmerksam machen:

Wenn auf ein Ziel geworfen wird, ist es wichtig, daß der Arm bzw. die Hand zum Ziel zeigen, und zwar sowohl vor dem Wurf, als auch noch ein bis zwei Sekunden danach. In dem Sekundenbruchteil in dem das

Messer die Hand verläßt, muß es genau zu seinem Ziel zeigen. Das gilt besonders für den geraden Wurf, aber auch für Würfe mit halber und ganzer Drehung.

c) Die Flugbahn des Messers

Es gibt im Prinzip drei Möglichkeiten, wie das Messer nach dem Verlassen der Hand fliegt.

Abb. 19
Gerader Wurf ohne Drehung.

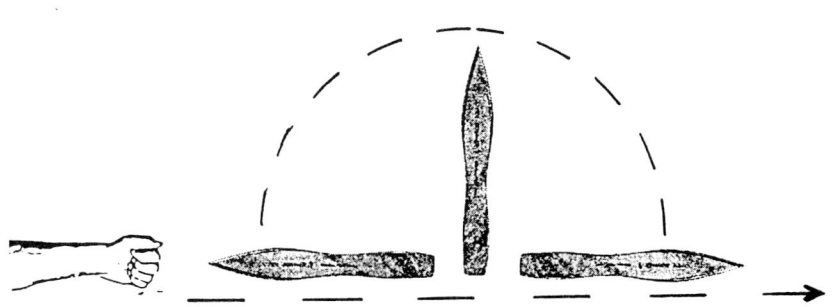

Abb. 20
Wurf mit einer halben Drehung um 180°.

31

Abb. 21
Wurf mit einer ganzen Drehung um 360°.

Halbe und ganze Drehungen können auch bei einer Wurftechnik angewandt werden, bei der man sozusagen „im Bogen" wirft.
Dies dürfte aber zunächst für Sie nicht in Frage kommen, da es sich dabei um eine Technik handelt, die nur Fortgeschrittene beherrschen, und auch diese wenden sie nur ausnahmsweise einmal an. Das Prinzip ist dabei ungefähr das gleiche wie beim Pfeilschuß: Das Messer wird in einem Winkel von ca. 45°, also schräg nach oben in die Luft geworfen, um dann mehrere Meter weiter (nach dem Durchfliegen einer ballistischen Kurve) in's Ziel zu treffen. Mit dieser Technik können Anfänger jedoch keine gleichbleibend guten Ergebnisse erzielen, weil bei ihnen noch der Zufall die Trefferquote bestimmt.

d) Welche Faktoren beeinflussen die Wurfleistung?

Um einen guten Wurf zu plazieren, ist die Beachtung einer ganzen Reihe von Faktoren erforderlich. Mit einem schönen Messer allein ist es ebensowenig getan, wie mit dem reinen Wissen über die richtige Handhaltung und eine saubere Wurftechnik.

Man muß sich über die inneren und äußeren Bedingungen, die die Wurfleistung beeinflussen klar werden und versuchen, sie so gut wie möglich zu beherrschen. Achten Sie zum Beispiel auf folgende Dinge:

Ruhe und Entspannung	Die richtige Kraft
Innere Sicherheit	Eine Beziehung zum Wurfmesser
Konzentration	Das Zusammenspiel von Auge und Hand
Geistige Übereinstimmung	Technische Perfektion
Geduld und Erfahrung	Die richtige Wurfmethode
Keine störenden Gedanken	Die richtige Hand- und Körper-haltung
Den Wurf geistig vollziehen	Die richtige Position und Rotationsdistanz
Fingerspitzengefühl	Im richtigen Moment den Wurf auslösen
Keinen zu großen Ehrgeiz	Das passende Wurfmesser

Alle diese Faktoren spielen eine Rolle!

Die Qualität Ihrer Wurfleistung begrenzen die Faktoren, die Sie am wenigsten „im Griff haben".

Machen Sie sich aber keine unnötigen Gedanken — einen Teil der Bedingungen erfüllen Sie bestimmt. Die noch fehlenden Voraussetzungen verbessern sich allmählich durch Übung „wie von selbst".

III. Die Wurftechnik

a) Der richtige Stand

Nachdem Sie bereits wissen, wie Sie das Wurfmesser zu halten haben, kommen wir nun zur nächsten Stufe, dem richtigen Stand.

Sicher kann man ein Wurfmesser auch aus ungewöhnlichen Positionen, wie z. B. auf einem Stuhl sitzend oder auf dem Boden liegend, werfen. Aus solchen ungewöhnlichen Positionen lassen sich jedoch meist nur ungenügende Trefferergebnisse erzielen, weil man zwar die richtige Handhaltung, nicht jedoch die korrekte Wurftechnik anwenden kann. Ein korrekter Abwurf ist (jedenfalls für Anfänger) nur im Stand möglich.

Den richtigen Stand zu finden, ist nicht schwer: Das Bein, welches sich an der Seite der Wurfhand befindet, steht hinten. Das andere Bein wird einen Schritt vor gesetzt. Die Füße bilden einen Winkel von annähernd

Abb. 22

Der richtige Stand: Das Bein an der Seite der Wurfhand steht hinten, das andere Bein vorn. Die Füße sollen winklig stehen.

34

90°. Das Körpergewicht ruht auf dem hinteren Fuß (Standbein). Diese Position gibt Ihnen ein sicheres Gleichgewicht und ist die beste Voraussetzung für gute Würfe.

Vor dem Ausholen wird der Oberkörper ein wenig zurückgebeugt. Während des Abwurfs wird das Gewicht dann kurzfristig auf den vorderen Fuß verlagert.

b) Die Wurftechniken

Nun gilt es, die richtige Wurftechnik für Sie zu finden. Das Angebot an Techniken ist größer als Sie denken. Es gibt nicht nur die eine Technik aus der Grundstellung, die auch am häufigsten von Wurfmesserexperten angewandt wird, sondern noch eine ganze Anzahl weiterer.

Eine wahre Fundgrube bieten hier die asiatischen Kampfsportarten. Im Kung-Fu und Ninjutsu sind eine Vielzahl solcher Techniken mit den unterschiedlichsten Wurfwaffen seit langer Zeit bekannt, denn in Ländern wie China und Japan gibt es eine über tausendjährige Tradition im Gebrauch von Wurfwaffen.

1. Wurftechnik

Zuerst soll die Grundstellung zum Messerwurf erläutert werden. Besonders wichtig bei dieser Wurftechnik ist die Fußstellung, die Sie ja schon kennen. Nehmen Sie das Messer (wie in Kapitel II, Abb. 13 beschrieben) zwischen Daumen und Zeigefinger. Dann strecken Sie den Arm. mit dem Sie nicht werfen, nach vorn. Nun winkeln Sie Ihren Wurfarm so an, daß sich das Wurfmesser in Höhe Ihres Kopfes befindet.

Jetzt strecken Sie den Wurfarm blitzschnell und lassen das Wurfmesser **im richtigen Augenblick** los. Der richtige Augenblick ist (wie schon erwähnt) der Moment, in dem die Wurfmesserspitze genau zum Ziel zeigt. Das hört sich einfach an, läßt sich aber nur mit viel Übung beherrschen.

Abb. 23   **Abb. 24**

Werfen aus der Grundstellung: Der linke Fuß wird vorgestellt.
Der richtige Stand wird eingenommen. Ihr Wurfarm ist angewinkelt und
der andere Arm in Richtung Ziel vorgestreckt. Mit ein wenig Schwung
aus der Schulter (bei längeren Distanzen auch aus der Hüfte) werfen
Sie nun das Messer, indem Sie Ihren Wurfarm schwungvoll nach vorn
strecken, wenn Messer und Zielrichtung übereinstimmen.
Unmittelbar beim Abwurf verlagern Sie Ihr Körpergewicht teilweise
nach vorn. Das Messer gleitet blitzschnell aus der Hand. Die Finger öff-
nen sich dabei nur kurz und schnippen sofort danach wieder zusam-
men. Für diese Stellung empfehlen sich die Handhaltungen 4 und 5
aus Kapitel II.

2. Wurftechnik

Vorläufer dieser Technik finden sich in Asien. Es ist wahrscheinlich, daß
sie schon älter als tausend Jahre ist.

Die Technik eignet sich besonders gut für kurze Distanzen von etwa 2 bis 5 Metern. Es wird ohne halbe oder ganze Messerdrehung gearbeitet. Dabei ist es besonders wichtig, daß Sie genügend Kraft einsetzen. Grundlage dieser Technik ist ebenfalls der richtige Stand und die richtige Stellung der Füße. Auch hier befindet sich der Wurfarm hinten und der andere Arm vorne. Während des Abwurfs wechselt die Armhaltung, d. h. der Wurfarm wird nach vorne gestreckt und der andere Arm zurückgezogen. Die Kraft kommt auch hier wieder aus einem Zusammenspiel von Schulter- und Hüftbewegung. Das Wesentliche bei dieser Technik ist, daß Sie die 1. Handhaltung (siehe Kapitel II) benutzen, d. h. Sie müssen das Wurfmesser zwischen Daumen und Handfläche pressen. Es versteht sich von selbst, daß dabei die Messerspitze immer nach vorne zeigt, denn es handelt sich um einen geraden Wurf.

Abb. 25   **Abb. 26**

Der Unterschied zur 1. Grundtechnik besteht darin, daß hier das Messer auf der Handfläche liegt und mit dem Daumen gehalten wird. Es sind nur gerade Würfe möglich, d. h. es kann nur mit der Spitze nach vorn geworfen werden.

37

3. Wurftechnik

Eine weitere, wenn auch weniger angewandte Technik ist der horizontale Messerwurf, bei dem die Bewegung aus der Schulter kommt. Die gleiche Wurftechnik kann man auch aus der Hüfte ausführen. Das einzige, was sich dabei jeweils verändert, ist die Höhe, in der sich der Wurfarm bewegt. Auch bei dieser Technik muß natürlich der richtige Stand eingenommen werden, weil dies für jeden guten Wurf unerläßlich ist. Beim Wurf aus der Schulter oder der Hüfte befindet sich der Wurfarm im Gegensatz zu den übrigen Wurftechniken bereits vorne. Der andere Arm bleibt ein Stück dahinter. Beim Ausstrecken des Wurfarms und bei der Körpergewichtsverlagerung während des Abwurfs nach vorn, kommt der hintere Arm auch ein wenig vor.
In dem Moment, wenn die Spitze des Wurfmessers zum Ziel zeigt, läßt man es aus der Hand gleiten.

Abb. 27   **Abb. 28**

Bei dieser Technik ist der Wurfarm bereits vor der Brust oder vor der Hüfte. Der andere Arm befindet sich seitlich ein Stück dahinter. Unerläßlich ist der richtige Stand.

38

Für diese Wurftechnik kommen im Prinzip alle Handhaltungen aus Kapitel II in Frage. Am einfachsten ist auch hier wieder die auf Abb. 12 für den geraden Wurf gezeigte Technik ohne Drehungen.

4. Wurftechnik

Die folgende Wurftechnik sieht man oft in Western- oder Action-Filmen. Sie funktioniert auch tatsächlich, eignet sich aber eigentlich nur für die kurze Distanz bis maximal 5 Meter.
Das Messer wird genauso in der Hand gehalten wie in Kapitel II, Abb. 12 beschrieben.
Es empfiehlt sich, diese Handhaltung nur beim geraden Wurf anzuwenden, da man mit einer Drehung nicht kontrolliert werfen kann.

Abb. 29
Der richtige Stand wird eingenommen und der Nichtwurfarm nach vorne gestreckt.

Abb. 30
Nun wird die Wurfhand blitzschnell nach vorne gebracht und das Gewicht auf den vorderen Fuß verlagert.

Abb. 31

Sobald das Messer auf einer Höhe mit dem Ziel ist, bzw. darauf zeigt, wird es losgelassen.

Abb. 32

Das Gewicht bleibt auch noch kurz nach dem Abwurf nach vorn verlagert.

IV. Das Tragen des Wurfmessers

Sicher haben Sie sich schon gefragt, wie Sie das Wurfmesser am besten mit sich führen. Hier einige Anregungen:
Die im Handel erhältlichen Wurfmesser werden meist mit einer Messerscheide verkauft. Sollte Ihr Messer keine Scheide haben, können Sie sich selbst aus Leder eine Scheide zusammennähen, bzw. von einem Sattler oder Schuhmacher zusammennieten lassen. Die dafür benötigten Lederreste, bekommen Sie schon für wenig Geld.
Wenn Sie Ihre Messerscheide selbst anfertigen, läßt sie sich auch optisch schön gestalten: Man kann das Leder besticken, bemalen oder mit dem Lötkolben Motive einbrennen. Natürlich kann man auch Motive einstanzen, wenn man die Möglichkeit dazu hat.
Es ist in jedem Fall von Vorteil, wenn Sie eine gut zum Messer passende Scheide besitzen. Sie ist nicht nur beim Transport hilfreich, sondern auch für den sportlichen Wettkampf (z. B. beim Schnellziehen) nützlich.

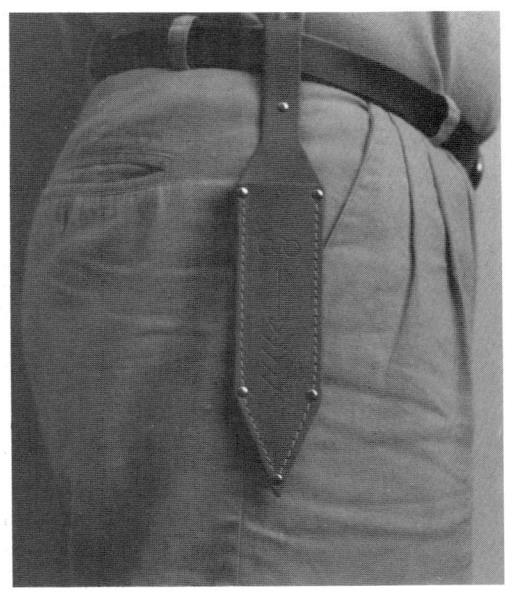

Abb. 33
Befestigung einer Wurf-
messerscheide am Gürtel.

Damit Sie Ihr Wurfmesser nicht verlieren, muß die Messerscheide gut zu befestigen sein. Dazu gibt es verschiedene Möglichkeiten:
Die meisten der auf dem Markt erhältlichen Messerscheiden sind aus hartem Leder gearbeitet und am Gürtel zu befestigen.

Die Halterungen, die das Messer in der Scheide arretieren, sind unterschiedlich. In den unteren Preisklassen haben Wurfmesser oftmals keine besonderen Halterungen, da ihre Lederscheiden sehr eng gearbeitet sind, um ein Herausfallen zu verhindern. Es gibt aber auch schon in diesen Preisklassen Lederscheiden, mit einem Lederring, der um den Messergriff gelegt und mit einem Druckknopf geschlossen wird.

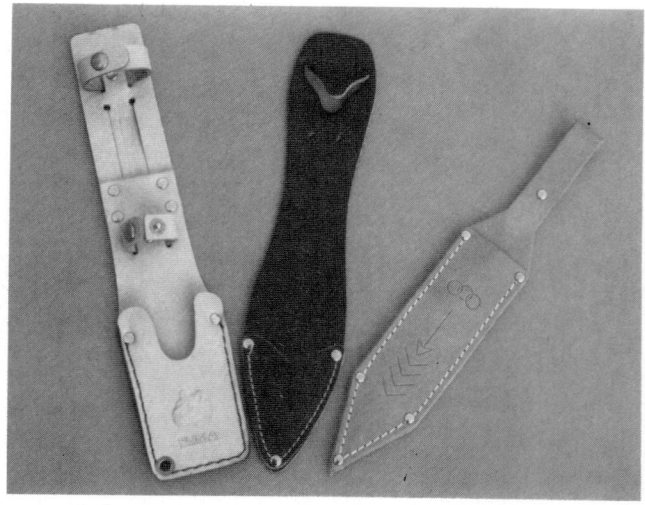

Abb. 34
Diverse Messerscheiden mit
unterschiedlichen Halterungen.

Damit Ihr Wurfmesser nicht am Gürtel hin und her wandert oder beim Laufen gegen Ihr Bein schlägt, sollten Sie an der Scheide eine Beinschnur befestigen. Beinschnüre finden Sie nicht nur bei Wurfmessern der oberen Preisklasse, sondern auch bei Survival- und Fahrtenmessern. Hat Ihre Messerscheide keine Beinschnur, können Sie entweder an das untere Ende der Lederscheide eine Schnur annähen oder dort mit einer Lochniete befestigen.

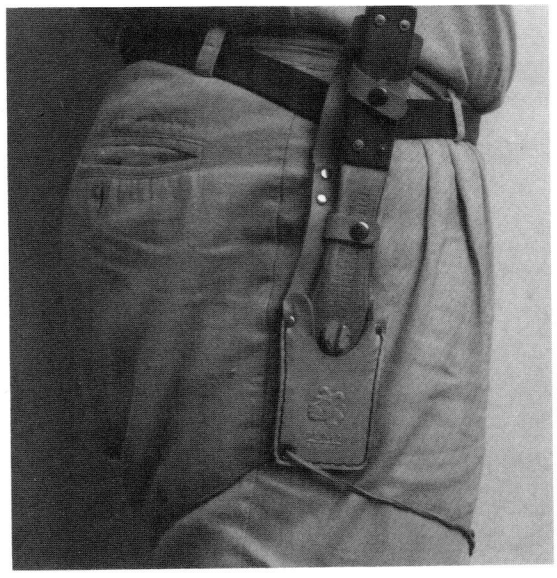

Abb. 35
Wurfmesserscheide mit Beinschnur.

Natürlich gibt es für das Messer noch andere Tragemöglichkeiten, z. B. die aus Western-Filmen bekannten:
In manchen Cowboy-Streifen wird gezeigt, daß das Messer auf dem Rücken, d. h. unter dem Kragen hinter dem Genick befestigt werden kann. Befindet sich der Cowboy in einer Notsituation, tut er so, als

würde er die Hände hochheben, zieht und wirft aber blitzschnell sein Messer. Dies soll natürlich keine Anregung für Sie sein, Ihr Messer so „spazieren" zu tragen, ist aber eine Möglichkeit im sportlichen Wettkampf, das Messer zu ziehen.

Abb. 36
Das Wurfmesser wird auf dem Rücken hinter dem Genick befestigt und von dort schnell gezogen.

Bei einer anderen auch aus Cowboy-Filmen bekannten Variante wird das Messer aus dem Hemd- oder Jackenärmel gezogen. Der Cowboy hatte selbst dann noch die Möglichkeit das Messer zu ziehen, wenn er die Arme hochhielt, indem er den Abstand zwischen seinen Händen geschickt verkürzte.
Auch dies kann eine interessante Ziehtechnik für den sportlichen Wettbewerb sein.

Abb. 37
Das im Hemd- oder Jackenärmel befindliche Messer wird schnell gezogen.

Abb. 38
Das im Stiefel befindliche Messer wird gezogen.

Noch eine weitere Variante ist das Verstecken des Wurfmessers im Stiefel. Im Cowboy-Film läßt man sich (z. B. von einem Faustschlag getroffen) zu Boden gleiten, und zieht dabei blitzschnell das Messer. Auch zu Pferde oder auf einem Stuhl sitzend, ergibt dies eine interessante Möglichkeit, das Messer zu ziehen. Versuchen Sie es mal im sportlichen Wettkampf.

In Action-Filmen aus neuerer Zeit sieht man noch eine weitere Variante: Anstatt einer Pistole befindet sich ein Wurfmesser im Schulter-Holster unter der Achsel. Sie sehen, dem Erfindungsreichtum beim Messertragen sind kaum Grenzen gesetzt.
Für Sie wird es aber das Vernünftigste sein, Ihr Messer am Gürtel zu tragen und lediglich beim sportlichen Wettkampf andere Ziehtechniken auszuprobieren.

V. Sicherheitsbestimmungen

... und werfe nie
so zum Pläsir
auf lebendige Wesen
Mensch und Tier.
Ein kluger Mensch ist gern bereit
zur allergrößten Sicherheit.

Natürlich weiß jeder, daß man niemanden vorsätzlich verletzen oder gefährden darf und dies auch vom Gesetz vorgeschrieben ist. Spezielle juristische Regelungen für das Messerwerfen gibt es zwar nicht, aber es gibt eine Reihe ungeschriebener Gesetze, die Sie auf jeden Fall kennen sollten. Wahrscheinlich sind Ihnen diese Vorsichtsmaßnahmen zumindest teilweise schon bekannt. Man sollte sie sich aber immer wieder vergegenwärtigen und sie streng beachten.
Achten Sie darauf, daß Sie dort, wo Sie Ihr Ziel aufstellen, genug Platz haben. Das Zielgebiet muß überschaubar sein!
Sichern Sie Ihre Wurfbahn so, daß auch dann, wenn das Messer die Bahn verläßt, niemand verletzt werden kann.
Werfen Sie **niemals** an unübersichtlichen Plätzen (z. B. dort, wo plötzlich jemand um die Ecke kommen kann).
Werfen Sie niemals auf Ziele, die Sie an oder auf einer Mauer befestigt haben, bevor Sie nicht wissen, was sich hinter dieser Mauer befindet bzw., daß dort sich niemand aufhalten kann.
Werfen Sie niemals auf Menschen oder Tiere. Täuschen Sie auch niemals solche Würfe (und sei es im Scherz) an — das Messer könnte ungewollt Ihre Hand verlassen.
Wählen Sie Ihre Ziele sorgfältig aus. Schonen Sie die Umwelt. Werfen Sie nicht auf Bäume.
Laufen Sie nicht, wenn Sie ein Wurfmesser in der Hand haben und vermeiden Sie hektische Bewegungen — Sie könnten fallen und sich verletzen.

Transportieren Sie das Messer stets in der Scheide.

Überlegen Sie, ob in einer speziellen Wurfsituation noch weitere Sicherheitsbestimmungen notwendig sind, und halten Sie diese dann auch streng ein — wir können hier nicht auf jede Sondersituation eingehen.

VI. Die Messer-Wurfbahn

Man benötigt einen freien, übersichtlichen etwa 20 x 20 m großen Platz, dessen eine Seite durch einen Messer-Fang (Netz, Pfeilfang etc.) oder durch einen Erdwall gesichert bzw. abgeschlossen ist (Abb. 39). Oder man hat ein überschaubares, freies Feld zur Verfügung.

Die Wurfbahn (in der Mitte des Platzes) sollte bis zu 15 m lang sein. Bei 3 m, 5 m, 10 m und 15 m werden Markierungen (Kreide, Sandstrich) angebracht.

Am Ende der Bahn (vor dem Messer-Fang) befindet sich z. B. ein Holzgestell, auf dem das Ziel (evtl. mit aufgeklebter Zielscheibe) befestigt wird. Die Sicherheitsvorschriften sind streng zu beachten.

Man beginnt mit dem Werfen an der 3 m Marke und vergrößert dann anschließend stufenweise die Distanz.

Durch häufige Übung entwickelt man allmählich ein Gefühl für die richtige Kraft und Wurfweise entsprechend der jeweils vorgegebenen Entfernung. Üblich sind drei oder fünf Messer-Würfe pro Ziel.

Nach einem Wurfwettbewerb oder Training sollten die Messer stets gesäubert, getrocknet und leicht eingeölt werden.

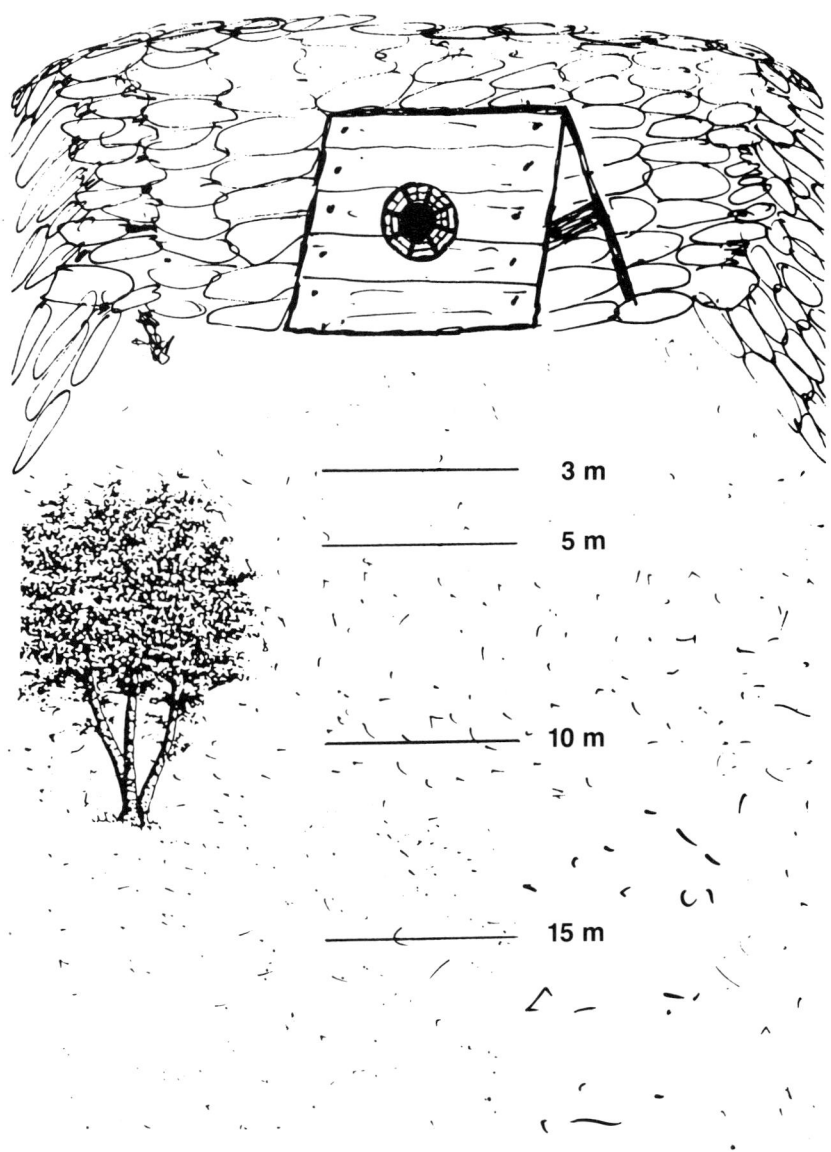

3 m

5 m

10 m

15 m

Abb. 39
Die Messer-Wurfbahn.

49

VII. Das Ziel

Das Messer muß,
soll Dein Wurf gelingen,
so tief es geht
ins Ziel eindringen,
damit das Gewicht
des Messers hält
und es Dir nicht
zu Boden fällt.

Damit Sie beim Werfen viel Spaß haben und gute Trefferergebnisse erzielen, müssen Sie ein optimal geeignetes Ziel haben. Es hängt viel davon ab, **wie** Ihr Ziel beschaffen ist.

Abb. 40
Immer mit der Maserung werfen, damit das Wurfmesser auch stecken bleibt!

a) Die Beschaffenheit des Ziels

Bei Zielen aus Holz müssen Sie die Holzstruktur, d. h. die Faserrichtung genau beachten. Das tun übrigens selbst große Karate-Meister. Auch sie schlagen immer mit der Maserung und nie gegen sie, weil sie sonst nicht genug Kraft hätten, um ihre Bretter zu zertrümmern. Genauso ist es auch beim Messerwerfen. Wirft man bei hartem Holz gegen die Maserung, so prallt das Messer ab. Sie müssen also immer in Faserrichtung des Holzes werfen.

Zum Bau eines Ziels eignen sich neben Holz auch Pappe, Styropor und Materialien, die aus Naturfasern zusammengepreßt wurden. Welches Material Sie bevorzugen, bestimmen Sie selbst.

Werfen Sie bitte nicht auf lebende, intakte Bäume. Suchen Sie sich stattdessen den Stumpf von einem abgestorbenen Baum als Ziel. Das hat außerdem den Vorteil, daß das Holz eines alten Baumstumpfs meist weicher ist.
Sie können auch Baumscheiben als Ziel benutzen, die Sie sich im Handel beschaffen und evtl. noch mit einer Zielscheibe, wie beim Bogenschießen üblich, überbekleben.

Zum Werfen befestigen Sie Ihre Zielscheibe an einer Mauer oder einem Holzgestell, evtl. können Sie sie auch auf den Boden stellen.
Ebenfalls ein gutes Ziel sind alte, ausgediente Eisenbahnschwellen mit grober Maserung, die Sie senkrecht aufstellen. Das Holz ist nach den langen Gebrauchsjahren weicher geworden und nimmt das Messer gut auf. Gebrauchte Eisenbahnschwellen sind manchmal im Baubedarfshandel günstig zu bekommen.

Abb. 41
Alte Eisenbahnschwellen eignen sich hervorragend als Ziel und nehmen das Messer besonders gut auf.

b) Fehlerkontrolle

Steckt das Messer im Ziel, lassen sich aus dem Trefferbild einige typische Fehler sofort erkennen.

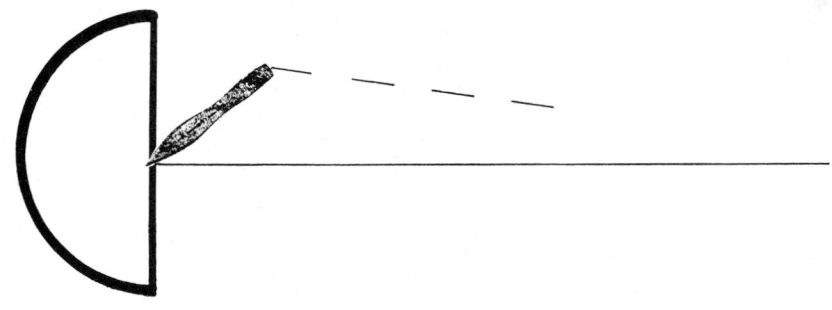

Abb. 42
Das Messer wurde zu kraftvoll oder aus zu kurzer Distanz ins Ziel geworfen.

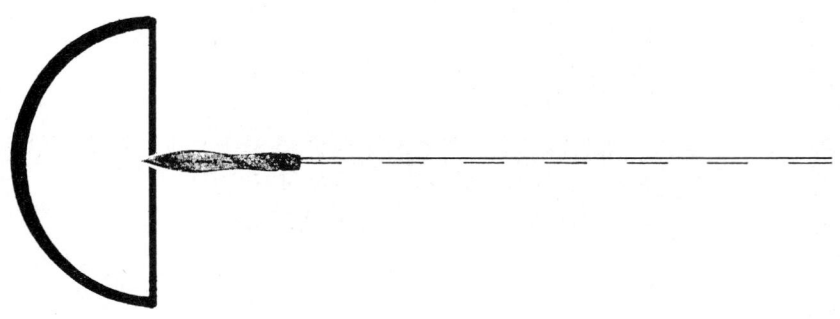

Abb. 43
Das Messer wurde mit der richtigen Kraft aus der richtigen Distanz ins Ziel geworfen.

Abb. 44
Das Messer wurde nicht kraftvoll
genug oder aus zu weiter Distanz
ins Ziel geworfen.

c) Bewegliche Ziele

Wenn Sie lange genug auf unbewegliche Ziele geworfen haben und
sich nun an bewegte Ziele herantrauen, können Sie sich ein solches
Ziel auch ohne große Kosten bauen.

Sie benötigen dazu nicht mehr als eine schmale Leiste und einen
flachen Pappkarton, den Sie mit Styropor oder ähnlichem Material fül-
len. Den gefüllten Karton umwickeln Sie mit breitem Klebeband und
befestigen ihn so an einem Ende der Leiste.

Dieses Ziel können Sie nun mit Hilfe einer Schnur an einem Ast oder
einer Teppichstange aufhängen. Wichtig ist, daß Sie die Leiste nicht zu
fest oder zu kurz anbinden, damit das Ziel nach dem Anstoßen recht
lange pendelt. Solch ein Pendelziel kann auch Ihr Partner mittels einer
weiteren Schnur (die am Ziel befestigt wird) von der Seite her bewegen.

55

Bedenken Sie bitte, daß die Schnur lang genug sein muß (20-30 m), damit sich Ihr Partner nicht im Gefahrenbereich befindet, wenn er das Ziel bewegt. Steht Ihr Partner zu nahe am Ziel, kann es z. B. auch durch Abprallen eines Messers gefährlich werden.

Abb. 45
Dieses Pendelziel kann mittels einer Schnur oder durch Anstoßen nach links und rechts bewegt werden.

Sie können Ihr Ziel natürlich nicht nur von rechts nach links, sondern auch von oben nach unten bewegen. Dazu bauen Sie sich in der beschriebenen Weise ein weiteres Ziel oder verwenden das vorhandene.

Will man dieses Ziel mittels einer Schnur vertikal bewegen, schlägt man einen Nagel in einen Pfahl oder einen abgestorbenen Ast. Die Schnur wird über den Nagel umgelenkt und ermöglicht ein Hochziehen oder Senken der Ziels. Damit der Partner, der das Ziel bedient, nicht gefährdet wird, muß die Schnur hinreichend lang sein.

Will man das Ziel von Hand bewegen, benutzt man eine möglichst lange Leiste, die man sicher hinter einer Mauer stehend bedient. Es ist günstig, wenn die Mauer etwas schräg zur Wurfbahn verläuft, damit man auch vor Querschlägern optimal geschützt ist.

Abb. 46
Das Ziel läßt sich auch von oben nach unten bewegen, indem man es hinter einer Mauer stehend mittels der Leiste schwenkt oder mit einer Schnur bedient. Achten Sie immer darauf, daß sich niemand im Gefahrenbereich befindet und auch nichts durch abprallende Messer passieren kann.

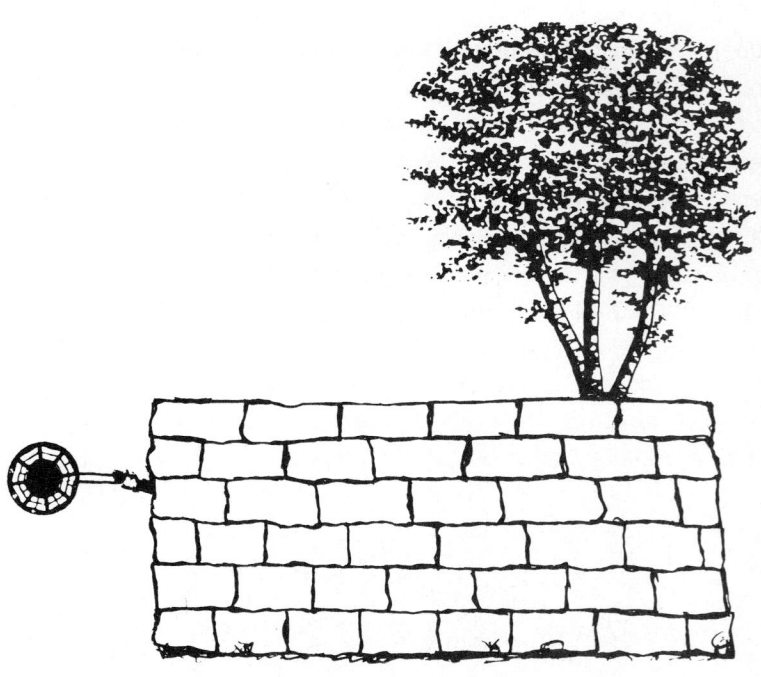

Abb. 47
Das Ziel wird von einem hinter der Mauer stehenden Partner bewegt.

Nachdem Sie inzwischen einige praktische Vorschläge erhalten haben, wie Sie das Ziel und Ihre Wurfbahn gestalten können, möchte ich Sie bitten, sich noch einmal vor Augen zu halten, wie gefährlich es ist, seine Mitmenschen als Ziel bzw. Trainingshilfe zu benutzen.
Sicher haben Sie schon mal im Zirkus, Fernsehen oder Kino gesehen, wie Artisten mit präzisen Messerwürfen eine Person „einrahmen" und sich so ihr Brot verdienen. Diese Profis sind sich Ihrer Sache offenbar völlig sicher. Das hat aber nichts mit dem gesundem Selbstvertrauen zu tun, das man zum Messerwerfen besitzen sollte, sondern mit einem

außergewöhnlichen Können, das sich nur durch jahrelanges Üben und entsprechendes Talent einstellt. Diese Leute haben durch tägliches, stundenlanges Training eine besondere Präzision erworben. Sie haben oft schon im Kindesalter mit dem Messerwerfen begonnen und 10-20 Jahre gebraucht, um sich solche Würfe zuzutrauen. Diese Artisten sind vom exakten Messerwerfen regelrecht besessen und benutzen besondere Wurfmesser, die von Fachleuten speziell auf ihre Hand zugeschnitten wurden und nicht selten pro Stück DM 500,-- oder noch wesentlich mehr kosten. **Sie** haben diesen Aufwand nicht betrieben und sollten daher unbedingt Abstand von Praktiken nehmen, bei denen Sie als Werfer oder Opfer agieren und die für Amateure viel zu gefährlich sind.

Abb. 48 So **niemals!** Solche Praktiken sollten Sie den Artisten überlassen, die dafür Jahrzehnte geübt haben.

VIII. Clubs und Wettbewerbe

Wenn Sie oft trainieren und das gerne auch mit Gleichgesinnten tun würden, sollten Sie eventuell überlegen, eine Interessengemeinschaft oder einen Verein zu gründen. Beim gemeinsamen Training mit anderen Sportlern läßt sich vieles besser beurteilen und gestalten. Haben Sie Sportkameraden, mit denen Sie sich vergleichen können, macht das nicht nur mehr Spaß, sondern Sie können dadurch auch schneller Ihre Leistung steigern.

Ein gemeinsames Training bringt Ihnen nicht nur bei Materialkosten und Aufwand für Ziel und Wurfbahn Vorteile. Die Zusammenarbeit mit Ihren Sportkameraden ergibt auch meist viele zusätzliche Anregungen und hebt das Übungsniveau.

Wo finden Sie Gleichgesinnte? Versuchen Sie bei ihrem Messerlieferanten, d.h. im Waffen-, Jagd- oder Stahlwarengeschäft ein entsprechendes Schild auszuhängen oder legen Sie dort ein paar Handzettel mit Ihrer Adresse und/oder Telefonnummer aus. Solche Werbezettel können Sie handschriftlich oder mit der Schreibmaschine herstellen und für wenig Geld kopieren.

Auf diese Art lernen Sie meist schnell Gleichgesinnte kennen. Da Sie die Initiative ergriffen haben, können Sie sich für das gemeinsame Training die Leute aussuchen, die zu Ihnen passen und von denen zu erwarten ist, daß sie mit dem Wurfmesser vernünftig umgehen. Vertrauen Sie dabei auf Ihre Menschenkenntnis!

Nach und nach werden sicher auch in anderen Städten und Gegenden Interessengemeinschaften und Clubs entstehen. Mit diesen können Sie dann vielleicht später gemeinsame Wettbewerbe oder freundschaftliche Vergleichskämpfe ausführen. Wenn das Interesse am Messerwerfen zunimmt, und die Anzahl der Sportler wächst, wird vielleicht auch eine entsprechende Organisation oder ein offizieller Verband gegründet. Halten Sie Kontakt und fördern Sie entsprechende Bemühungen.

In den USA gibt es schon mehrere Verbände, die sich mit den Belangen der Messerwerfer beschäftigen, und denen zahlreiche Clubs angeschlossen sind.

Ein Verband kann seinen Mitgliedern nicht nur Pässe ausstellen oder Embleme verleihen, sondern auch preiswert informieren und beraten. Ein Verband kann auf Grund seiner Mitgliederstärke größer angelegte Wettbewerbe organisieren und vielleicht eine Deutsche Meisterschaft oder ein Wurfmesserfestival ausschreiben. Sofern sich gute Messerwerfer zusammenfinden und entsprechendes Interesse vorhanden ist, kann der Verband auch Lehrgänge oder Seminare veranstalten, die auf Grund der größeren Teilnehmerzahl kostengünstig zu realisieren wären. Dort könnten gute Messerwerfer den Anfängern fundiertes Wissen vermitteln und ihre Erfahrungen weitergeben. Sie sollten sich also überlegen, ob Sie das Messerwerfen in Zukunft nur allein oder lieber gemeinsam mit Freunden und Geichgesinnten betreiben wollen.

Ein Vorschlag für einen Wettkampf könnte folgendermaßen aussehen: Die Teilnehmer werden z.B. alphabetisch aufgerufen und müssen nacheinander drei oder mehr Würfe auf eine Zielscheibe tätigen, die 3 m entfernt ist. Als weiterer Wettbewerb könnte man dann auf eine Scheibe werfen, die 5 m entfernt ist; eventuell auch auf eine 10 m oder 15 m entfernte Scheibe.
Gute Messerwerfer sollten von den Anfängern getrennt werfen, so daß beide Gruppen jeweils die Chance haben, sich mit gleichwertigen Partnern zu messen. Um den Wettbewerb interessanter zu gestalten, kann man einen Durchgang auf ein weiches Ziel (Pappe, Styropor) machen, welches keinen so kraftvollen Wurf erfordert. Im zweiten Durchgang wird dann auf ein Ziel aus Holz geworfen, was mehr Kraft erfordert.
Haben Sie den Wettbewerb zunächst auf feste Ziele durchgeführt, können Sie anschließend auf den gleichen Distanzen auch bewegte Ziele einsetzen. Dabei sollten Sie, wie schon erwähnt, besonders darauf achten, daß die Teilnehmer am Wettbewerb jeweils etwa das gleiche Niveau haben.

Zum Thema Meisterschaft können Sie sich auch aus anderen Sportarten, wie z.B. dem Pistolen- und Gewehrschießen, den Bogenschießen oder dem Shuriken-Werfen viele Anregungen beschaffen. Dazu
seien Ihnen die Bücher:
Lehrbuch des Bogensports, von John C. Williams und **Shuriken —
sicherer Umgang mit Wurfsternen,** von Markus Bär (beide im gleichen Verlag erschienen) empfohlen.
Wenn genügend Teilnehmer vorhanden sind, sollten Sie es ähnlich wie
in anderen Sportarten machen und Jugendliche, Anfänger und Fortgeschrittene getrennt betreuen.
Auch wenn dies einige Mühe macht und Ihnen organisatorische Fähig-
keiten abverlangt, sollten Sie **nie** vergessen, daß die Sicherheit beim
Training und beim Wettkampf höchste Priorität hat.

Viel Spaß beim sicheren Umgang mit dem Wurfmesser!